K. 3828.
5.

AF298166

DISCOURS

PRONONCÉS
DANS L'ACADÉMIE
FRANÇOISE,

Le Jeudi XIX Juillet M. DCC. LXXXI,

A LA RÉCEPTION

DE M. DE CHAMFORT,

SECRÉTAIRE DES COMMANDEMENS
DE S. A. S. Mgr. LE PRINCE DE CONDÉ.

A PARIS,

Chez DEMONVILLE, Imprimeur-Libraire de l'Académie
Françoise, rue Christine, aux Armes de Dombes.

M. DCC. LXXXI.

M. DE CHAMFORT, ayant été élu par Messieurs de l'Académie Françoise, à la place de M. DE SAINTE-PALAYE, y vint prendre séance le Jeudi 19 Juillet 1781, & prononça le Discours qui suit.

MESSIEURS,

IL y a des bienfaits qui ne trouvent point d'ingrats, mais il est des bienfaiteurs qui craignent l'effusion de la reconnoissance. Ce sont ceux qui, rassasiés d'hommages, ne peuvent plus être honorés que par eux-mêmes, & c'est le terme où vous êtes parvenus. Aussi ai-je cru m'apercevoir qu'après la variété non moins ingénieuse qu'inépuisable des remercîments qui vous ont été adressés, vous supprimeriez avec plaisir ceux que l'avenir vous réserve. Oui, MESSIEURS, vous remettriez généreusement une dette qu'on vous paiera toujours avec transport, & dont il est si doux de s'acquitter.

Mais cet ufage, d'ailleurs ancien, rappelle des noms chers & précieux, & dès-lors il vous devient facré. Le tribut que vous négligeriez pour vous-mêmes, vous l'exigez pour ces grands noms. Vous le réclamez pour votre illuftre Fondateur, ce Miniftre qui, parmi fes titres à l'immortalité, compte l'honneur d'avoir fuffi à tant d'éloges qui la lui affurent. Vous le réclamez pour ce Chef célèbre de la Magiftrature, dont la vie entière fe partagea entre les Lois & les Lettres, & dont la gloire vous devient en quelque forte plus perfonnelle, en fe reproduifant fous vos yeux, dans l'héritier de fon nom & de fes talents, qui le repréfente conftamment parmi vous, & qui, dans cet inftant, par un choix du fort déclaré en ma faveur, vous repréfente encore vous-mêmes.

Enfin, MESSIEURS, un intérêt d'un ordre fupérieur qui vous attache encore plus à cet ufage & vous le rend à jamais inviolable, c'eft la mémoire de votre véritable bienfaiteur, de ce Monarque augufte qu'on vous accufe d'avoir trop loué, mais qui, pour votre juftification, n'a pas été moins célébré par l'Europe entière; de ce Roi que la fidelle peinture de fon ame, tracée de fa main dans fes Lettres, a rendu de nos jours plus cher à la Nation; monuments précieux, inconnus pendant fa vie, échappés à l'éloge de fes Contemporains, pour lui affurer la louange qui honore le plus les Rois, la louange qu'ils ne peuvent entendre.

Tels font, MESSIEURS, les devoirs refpectables qui affurent la perpétuité d'un tribut dont le retour, plus fréquent depuis quelques années, a cependant pris entre vos mains un nouveau degré d'intérêt. C'eft que l'éloge de ceux qui ont illuftré la Littérature eft devenu par vous l'inftruction de ceux qui la cultivent; c'eft que banniffant toute exagération, & proportionnant la louange au mérite, vous faififfez dans chaque Ecrivain le caractère marqué, le trait jufte & précis, les nuances principales qui le diftinguent & qui déterminent fa place. Paffionnés, comme il eft jufte, pour ce qui eft unique ou du premier ordre, vous ne follicitez plus l'admiration pour ce qui n'eft qu'eftimable, l'enthoufiafme pour ce qui n'eft qu'intéreffant; & fans vous écarter de cette bienveillance indulgente, qui, pour vous, eft fouvent un plaifir, toujours un devoir, une convenance ou un fentiment, vous avez deffiné d'une main fûre les proportions & les contours d'une ftatue, d'un bufte, d'un portrait: attention déformais indifpenfable, utile aux Lettres, utile même à la mémoire de ceux dont la place paroît moins brillante; car quiconque exagère n'a rien dit, & celui qu'on ne croit pas n'a point loué.

C'eft ce que je n'ai point à craindre dans le tribut que je dois à la mémoire de M. de Sainte-Palaye. On peut le louer avec la fimplicité, &, pour ainfi dire, la modeftie qui fut l'ornement de fon caractère. La vérité fuffit à fa mémoire.

Lorfque l'Académicien que j'ai l'honneur de remplacer vint prendre féance parmi vous, il vous entretint du projet d'un Ouvrage utile ou plutôt néceffaire, qu'il regardoit comme fon principal titre à vos fuffrages; & du moins perfonne avant lui ne vous en avoit offert de plus analogue à l'objet de vos occupations habituelles. C'étoit le plan prefqu'entièrement exécuté d'un Gloffaire de notre ancien Idiôme, Ouvrage d'une étendue prodigieufe, dont les matériaux étoient déja mis en ordre, & que l'Auteur croyoit prêt à paroître (1): mais bientôt, en vivant parmi vous, MEs-

---

(1) Un homme d'un mérite connu, un Savant diftingué, formé par M. de Sainte-Palaye lui-même, héritier de fes vues auffi bien que de fes manufcrits, continue ce Dictionnaire, dont le premier volume paroîtra l'hiver prochain.

sieurs, il vit le premier les défauts de son plan, & en continuant d'y vivre, il en vit le remède. Il eut la sagesse de s'effrayer du grand nombre de volumes qu'il alloit offrir au Public. Il apprit de vous l'art de disposer ses idées, l'art d'abréger pour être clair, & de se borner pour être lu. Une ordonnance plus heureuse bannit d'abord les inutilités, sauva les redites, enrichit l'Ouvrage par ses pertes, enfin sut épargner au Lecteur le détail de tous les petits objets, en plaçant au milieu d'eux le flambeau qui les éclaire tous à la fois : heureux effets de l'esprit philosophique, qui, conduisant l'érudition, réforme un vain luxe dont elle se fait trop souvent un besoin, & change son faste, quelquefois embarrassant, en opulence commode & utile.

C'est donc à vous principalement, Messieurs, que le Public sera redevable de la perfection d'un Ouvrage important qui deviendra la clef de notre ancienne Littérature, & qui met sous les yeux l'histoire de notre Langue, depuis son origine jusqu'au moment où cette histoire devient la vôtre. On y verra un Idiôme barbare, assemblage grossier des Idiômes de nos Provinces, se former lentement & par degrés presqu'insensibles ; lutter, pour ainsi dire, contre lui-même ; indiquer l'accroissement & le progrès des idées nationales par les termes nouveaux, par les changements que subissent les anciens, par les tours, les figures, les métaphores qu'amènent successivement les arts, les inventions nouvelles ; enfin, par les conquêtes que notre Langue fait de siècle en siècle sur les Langues étrangeres. On observera, non sans surprise, le caractère primitif de la Nation, consigné dans les éléments mêmes de son langage. On reconnoîtra le François défini en Europe, dès le huitième siècle, gai, brave & amoureux. On verra les idées meurtrières de duel, de guerre, de combats, associées souvent dans la même expreſſion, aux idées de fêtes, de jeux, de paſſe-temps, de rendez-vous. Et quelle autre Nation que la nôtre eût déſigné, ſous le nom de la Joyeuſe, l'épée que Charlemagne rendit ſi redoutable à l'Europe?

Ce travail de M. de Sainte-Palaye, quelqu'immenſe qu'il puiſſe paroître, n'étoit toutefois qu'un démembrement d'une entrepriſe encore plus conſidérable, nouveau prodige de ſa conſtance & de ſa laborieuſe activité. C'étoit un Dictionnaire de nos Antiquités Françoiſes, où l'Auteur embraſſoit à la fois Géographie, Chronologie, Mœurs, Uſages, Légiſlation; Ouvrage au-deſſus des forces d'un ſeul homme, & que M, de Sainte-Palaye ne put conduire à ſa fin, mais dont les matériaux précieux ſont devenus, par les ſoins d'une Adminiſtration auſſi éclairée que bienfaiſante, une des richeſſes de la Bibliothèque du Roi. Il compoſe le même nombre de volumes qu'auroit formé ſans vous le Dictionnaire de l'ancienne Langue, quarante volumes in-folio. Je n'ai pu être à portée de les lire; mais qui peut méconnoître le mérite & le prix de ces ſavantes recherches? Qui ne voudroit meſurer, au moins des yeux, le champ nouveau qu'elles ouvrent à la Critique & à l'Hiſtoire? Et pourquoi faut-il que la Philoſophie, trop ſouvent intimidée à la vue de ces vaſtes dépôts, s'en écarte avec un reſpect mêlé de crainte, & s'abſtienne un peu trop ſcrupuleuſement des tréſors qu'ils renferment? Pourquoi faut-il que, ſatisfaite de quelques réſultats principaux qu'elle a rapidement ſaiſis, elle néglige une foule de vérités ſecondaires, qui, pour être d'un ordre inférieur, n'en ſeroient peut-être que d'un uſage plus habituel & plus étendu? Que n'oſe-t-elle, en réuniſſant ſous un même point de vue le double objet des travaux de M. de Sainte-Palaye, notre ancienne Langue & nos Antiquités, l'hiſtoire des faits & celle des mots, fe placer entr'elles deux, les éclairer l'une par l'autre, & pofer un double fanal, l'un fur les matériaux informes de notre ancien Idiôme, l'autre fur l'amas non moins groffier de nos premiers ufages. Là qu'elle s'arrête & qu'elle examine ; elle verra, comme de deux fources inépuifables, fe précipiter & defcendre de fiècle en fiècle jufqu'à nous, le vice primitif de notre ancienne barbarie, dont elle pourra fuivre de l'œil le décroiffement, les teintes diverfes & les nuances variées dans toutes leurs dégradations fucceffives. Elle verra l'erreur, mère de l'erreur, entrer, comme élément, dans nos idées, par la Langue même & par les mots ; le mal, auteur du mal, fe perpétuer dans nos mœurs par nos idées ; la perfection philofophique du langage, auffi impoffible que la perfection morale de la fociété : & la raifon fe convaincra que la langue philofophique projetée par Leibnitz ne fe feroit parlée, s'il eût pu la créer en effet, que dans la République imaginaire de Platon, ou dans la Diète Européenne de l'Abbé de Saint-Pierre.

Tels font les travaux, encore inconnus du Public, qui remplirent prefqu'entièrement la vie de M. de Sainte-Palaye. Mais il me femble, MESSIEURS, vous entendre me demander compte de l'Ouvrage auquel il dut fa célébrité ; de cet Ouvrage dont fa préfence ou même fon nom feul rappeloit conftamment l'idée, je parle de fes travaux fur l'ancienne Chevalerie. Il en avoit fait l'objet de fes études favorites. Ces mœurs brillantes & célèbres, ces hauts faits, ces aventures, ces tournois, ces fêtes galantes & guerrières, ces chiffres, ces devifes, ces couleurs, préfents de la Beauté, parure d'une jeuneffe militaire ; ces amphithéâtres ornés de Princes, de Princeffes ; ces prix donnés à l'adreffe ou au courage ; ce fecond prix plus recherché que le premier,

nommé

nommé prix de faveur, & décerné par les Dames quand le Chevalier leur étoit agréable ; ces jeunes perfonnes dont la naiffance relevoit la beauté, ou plutôt dont la beauté relevoit la naiffance, & qui ouvroient la fête en récitant des vers ; ces Dames qui d'un mot arrêtoient, à l'entrée de la lice, le difcourtois Chevalier dont une feule avoit à fe plaindre : ces idées, ces tableaux flattoient l'imagination de M. de Sainte-Palaye ; elles avoient été l'une des illufions de fon jeune âge, & elles fourioient encore à fa vieilleffe. Il en parloit à fes amis ; il en entretenoit les femmes, car il aimoit beaucoup leur fociété. Il citoit fréquemment cette devife fameufe, *toutes fervir, toutes honorer, pour l'amour d'une*, & répétoit, d'après le célèbre Louis III de Bourbon, que tout l'honneur de ce monde vient des Dames. Il avouoit même que dans fa conftance infatigable à lire les Contes, Chanfons, Fabliaux du douzième & du treizième fiècle, il avoit tiré un grand fecours du plaifir fecret de s'occuper d'elles, genre d'intérêt qui contribue rarement à former des érudits ; ce fut fans doute l'intérêt principal qui le foutint dans fes recherches fur notre ancienne Chevalerie.

L'Honneur & l'Amour, la devife des Chevaliers, c'eft leur hiftoire & celle de France. Mais comment traiter un tel fujet ? L'honneur toujours férieux, l'amour férieux quelquefois, fouvent trop peu, même jadis ! Pourrai-je accorder des tons trop différents, & peut-être oppofés ? non, fans doute. Faut-il les féparer ? faut-il choifir ? Mais lequel abandonner ? L'honneur ? parmi vous, MESSIEURS, devant le Prince qui vous voit, qui m'écoute, & dont le nom feul rappelle aux François toutes les idées de l'honneur (1) !

---

(1) Son Alteffe Séréniffime Monfeigneur le Prince DE CONDÉ.

B

L'amour ? qui l'oferoit, lorfque celles dont la préfence eût honoré les tournois s'empreffent d'affifter à vos Affemblées ? Que réfoudre, quel parti prendre ? Queftion embarraffante, épineufe, du nombre de celles qui s'agitoient autrefois dans ces Tribunaux appelés Cours d'Amour, où l'on portoit les cas de confcience de cette efpèce. La Cour eût décidé, je crois, que l'ancienne Chevalerie ayant uni très-bien l'honneur & l'amour, je dois, quoi qu'il arrive, je dois, en parlant de l'ancienne Chevalerie, unir, bien ou mal, l'amour & l'honneur.

Etrange Inftitution, qui, fe prêtant au caractère, aux goûts, aux penchants communs à tous ces Peuples du Nord, conquérants & déprédateurs de l'Europe, les paffionna tous à-la-fois, en attachant à l'idée de Chevalerie l'idée de toutes les perfections du corps, de l'efprit & de l'ame, & en plaçant dans l'amour, dans l'amour feul, l'objet, le mobile & la récompenfe de toutes ces perfections réunies! Jamais Légiflation n'eut un effet plus prompt, plus rapide, plus général; c'eft qu'elle armoit des hommes nés pour les armes, & qu'à l'exemple de la Religion nouvelle de Ma-homet, elle offroit la Beauté pour récompenfe de la valeur. Mais, par un fingulier renverfement des idées naturelles, Mahomet mit les plus grands plaifirs de l'amour dans l'autre monde, & l'Inftituteur de la Chevalerie offrit en ce monde à fes Profélytes l'attrait d'un amour pur & intellectuel. Etoit-ce bien celui qui convenoit aux Vainqueurs des Ro-mains & des Gaulois ? oui, fans doute, fi l'on confidère le fuccès qu'obtint en Europe la théorie de ce fyftème: mais cette opinion devient douteufe, quand on confulte l'Hiftoire & les faits; car, malgré cette loi du plus pro-fond refpect pour les Dames, on voit, par le nombre même de leurs Défenfeurs, combien elles avoient d'agreffeurs &

d'ennemis ; & il exifte des chanfons du douzième fiècle ; qui regrettent l'amour du bon vieux temps.

L'inftant où naquit la Chevalerie dut la faire regarder comme un bienfait de la Divinité. C'étoit l'époque la plus effrayante de notre Hiftoire ; moment affreux, où, dans l'excès des maux, des défordres, des brigandages, fruits de l'anarchie féodale, une terreur univerfelle, plus encore que la fuperftition, faifoit attendre aux Peuples, de moment en moment, la fin du monde, dont ce chaos étoit l'image. Dans cet inftant s'élève une Inftitution, qui, réuniffant une nombreufe claffe d'Hommes armés & puiffants, les affocie contre les Deftructeurs de la Société générale, & les lie, entr'eux du moins, par tous les nœuds de la Politique, de la Morale & de la Religion, de la Religion même, dont elle empruntoit les rites les plus auguftes, les emblêmes les plus facrés, enfin tout ce faint appareil qui parle aux yeux, frappant ainfi à-la-fois l'ame, l'efprit & les fens, & s'emparant de l'homme par toutes fes facultés.

Sous ce point de vue, quoi de plus impofant, de plus ref- pectable même que la Chevalerie ? Combattre, mourir, s'il le falloit, pour fon Dieu, pour fon Souverain, pour fes Frères d'armes, pour le fervice des Dames, car, dans l'Inftitution même, elles n'occupent, contre l'opinion commune, que la quatrième place, & le changement, foit abus, foit réforme, qui les mit immédiatement après Dieu, fut fans doute l'ou- vrage des Chevaliers François ; enfin fecourir les opprimés, les orphelins, les foibles, tel fut l'ordre des devoirs de tout Chevalier. Et que dire encore de cette autre idée fi noble, fi grande, ou créée ou adoptée par la Chevalerie, de cet honneur indépendant des Rois en leur vouant fidé- lité, de cet honneur, puiffance du foible, tréfor de l'homme dépouillé, de cet honneur, ce fentiment de foi invincible, indomptable dès qu'il exifte, facré dès qu'il fe montre, feul arbitre dans fa caufe, feul juge de lui-même, & du moins ne relevant que du Ciel & de l'opinion publique ? Idée fublime, digne d'un autre fiècle, digne de naître dans un temps où la Nature Humaine eût mérité cet hommage, où l'opinion publique eût pris des mains de la Morale, fous les yeux de la Vertu & de la Raifon, les traits qui devoient compofer le pur, le véritable honneur, l'honneur vénérable, dont le fantôme, même défiguré, eft refté encore fi refpec-table, ou du moins fi puiffant !

Vous n'attendez pas, Messieurs, ou plutôt vous ne crai-gnez pas que je rappelle cette multitude d'Exploits guer-riers, prodiges de la Chevalerie, en Europe, & dans l'Afie même où l'Europe fe trouva tranfplantée à l'époque des Croifades ; émigration qui fut l'ouvrage de la Chevalerie autant que de la Foi ; triomphe de l'une & de l'autre, mais encore plus de la Chevalerie, qui vit des Guerriers Sarra-fins, faifis d'enthoufiafme pour leurs Rivaux, paffer dans le camp des Croifés, & fe faire armer Chevaliers par nos Héros les plus célèbres.

Ce genre particulier d'Hiftoire que l'on nomme Anecdote, & qui fe charge de réparer les omiffions de l'Hiftoire princi-pale, raconte que tous ces Chevaliers Chrétiens & Sarrafins, rivaux en amour comme en guerre, firent les uns fur les autres plus d'une efpèce de conquête : mais fi ces Hiftoriens font véri-diques, fi les Beautés dont ils parlent ont en effet mérité ces foupçons, au moins eft-il certain que, loin de leur Patrie, entre des Adverfaires fi formidables, elles n'avoient point à craindre le reproche qu'on leur fit depuis en Europe, celui de préférer les Chevaliers des Tournois aux Chevaliers des Batailles ; méprife qui furprendroit dans un Sexe, fi bon juge de la gloire. Mais qui peut croire à cette méprise, & de quel poids doivent être ces vains reproches, & ces plaintes de mécontents, fi on leur oppofe l'hommage rendu aux Femmes par un Guerrier tel que le grand Duguefclin? Prifonnier des Anglois, & amené devant le fameux Prince Noir fon Vainqueur, le Prince le laiffe maître de fixer le prix de fa rançon. Le Prifonnier croit fe devoir à lui-même l'honneur de la porter à une fomme immenfe. Un mouvement involontaire trahit la furprife du Prince. « Je fuis » pauvre, continue le Chevalier; mais apprenez qu'il n'eft » point de Femme en France qui refufe de filer une année » entière pour la rançon de Duguefclin ». Telle étoit alors la galanterie Françoife; & cependant, difoit-on, elle étoit déjà bien tombée. La Chevalerie même dégéneroit de jour en jour. Pour la valeur? non. Ce n'eft point ainfi que dégénèrent des Chevaliers François. Pour l'amour? oui, fi l'infidèle dégénère. Ils n'étoient plus ces temps, où des Héros fcrupuleux, timorés, diftinguoient l'amour faux, l'amour vrai! l'amour faux, péché mortel, difoient-ils; l'amour vrai, péché véniel. Que font-ils devenus ces Rigoriftes, qui, regardant la Chevalerie comme une efpèce de Sacerdoce, fe vouoient au célibat, rappeloient fans ceffe l'auftérité de l'Inftitution primitive qui défendoit le mariage, & ne permettoit que l'amour? Où étoit-il ce digne Boucicaut, qui n'ofoit révéler fon amour à fa Dame qu'à la troifième année, qualifioit d'étourdis les audacieux qui s'expliquoient dès la première? Hélas! cette forte d'étourdis commençoit à devenir bien rare, fi l'on en croit M. de Sainte-Palaye, & il faut bien l'en croire. Il avoue, en gémiffant, que la licence des mœurs étoit au comble : mais, ce qui l'afflige encore plus, c'eft d'entrevoir les reproches bien plus graves que l'on peut faire à l'ancienne Chevalerie. Il convient que, chargée dès sa naissance du principal vice de la féodalité, elle reproduisît bientôt tous les désordres qu'elle avoit réprimés d'abord. Il regrette que ces Chevaliers, si redoutables aux ennemis pendant la guerre, le fussent encore plus aux citoyens, & pendant la guerre, & pendant la paix : il se plaint qu'un préjugé barbare, admis & adopté par les Lois de la Chevalerie, eût semblé né vouer leurs vertus mêmes qu'au service & à l'usage de leurs seuls égaux, ou de ceux au moins que la naissance approchoit plus près d'eux ; vertus dès-lors presqu'inutiles à la Patrie, & qui se faisoient à elles-mêmes l'injure de borner le plus beau, le plus sacré de tous les Empires. Il voudroit trouver plus souvent dans les ames de ces Guerriers quelques traits de cet héroïsme patriotique, noblement populaire, qui seul purifie, éternise la gloire des Grands Hommes, en la rendant précieuse à tout un Peuple, & fait de leur nom, pendant leur vie, & de leur mémoire, après eux, une richesse publique, & comme un patrimoine national. O Duguesclin ! ce fut ta vraie gloire, ta gloire la plus belle ! O toi ! qui, à ton dernier moment, recommandes le Peuple aux Chefs de ton armée, ah ! qu'un Ennemi, qu'un Anglois vienne déposer sur ton cercueil les clefs d'une Ville que ton nom seul continuoit d'assiéger, qu'il ne veuille les remettre qu'à ce grand nom, &, pour, ainsi dire, à ton ombre, j'admire l'éclat, les talents, la renommée d'un Général habile : mais si j'apprends que ce même Duguesclin, malade & sur son lit de mort, entendit, à travers les gémissements de ses Soldats & des Peuples, retentir dans la Ville ennemie assiégée par lui-même le signal des Prières publiques adressées au Ciel pour sa guérison ; si je vois ensuite la France entière, je dis le Peuple, arrêter de Ville en Ville & suivre, consternée, ce cercueil auguste baigné des larmes

du pauvre :... votre émotion prononce, Messieurs ; elle
atteste combien la véritable vertu, l'humanité, laisse encore
loin derrière soi tous les triomphes, & que le Ciel n'a mis
la vraie gloire que dans l'hommage volontaire de tout un
Peuple attendri.

Ne nous plaignons plus, Messieurs, après un pareil trait,
digne d'honorer les Annales des Grecs & des Romains, ne
nous plaignons plus de ne pas rencontrer plus souvent dans
notre Histoire des exemples d'un héroïsme si pur & si touchant. Ah ! loin d'en être surpris, admirons plutôt que
dans ces temps déplorables de tyrannie & de servitude,
toutes deux dégradantes même pour les Maîtres, un Guer--
rier du quatorzième siècle ait trouvé dans la grandeur de
son ame ce sentiment d'humanité universelle, source du
bonheur de toute Société. Qui ne s'étonneroit qu'un Soldat, étranger à toute culture de l'esprit, même aux plus
foibles notions qui le préparent, ait ainsi devancé le génie
de Fénélon, qui, trois siècles après, empruntoit à la
Morale ce sentiment d'humanité, pour le transporter dans
la Politique, occupée enfin du bonheur des Peuples? Heureux progrès de la Raison perfectionnée, qui, pour diriger
avec sagesse ce noble sentiment, lui associe un principe
non moins noble, l'amour de l'ordre ; principe seul digne
de gouverner des hommes, & si supérieur à cet esprit de
Chevalerie qu'on a vainement regretté de nos jours ! Eh !
qui oseroit les comparer, soit dans leur source, soit dans
leurs effets ? L'un, l'esprit de Chevalerie, ne portoit ses
regards que sur un point de la Société ; l'autre, cet
esprit d'ordre & de raison publique, embrasse la Société
entière : le premier ne formoit, ne demandoit que des
Soldats ; le second fait former des Soldats, des Citoyens.

des Magiftrats, des Légiflateurs, des Rois : l'un, déployant une énergie impétueufe, mais inégale, ne remédioit qu'à des abus dont il laiffoit fubfifter les germes fans ceffe renaiffants; l'autre, développant une énergie plus calme, plus lente, mais plus fûre, extirpe en filence la racine de ces abus : le premier, influant fur les mœurs, demeuroit étranger aux Lois ; le fecond, épurant par degrés les idées & les opinions, influe en même temps, & fur les Lois, & fur les mœurs : enfin l'un, féparant, divifant même les Citoyens, diminuoit la force publique; l'autre, les rapprochant, accroît cette force par leur union.

C'eft cet amour de l'ordre qui, mêlé parmi nous à l'amour naturel des François pour leurs Rois, a produit, &, pour ainfi dire, compofé ces grandes ames des Turenne, des Montaufier, des Catinat, l'honneur à-la-fois, & de la France, & de l'humanité ; caractères impofants, où refpire, à travers les mœurs & les idées Françoifes, je ne fais quoi d'antique, qui femble tranfporter Rome & la Grèce dans le fein d'une Monarchie. Mélange heureux de vertus étrangères & nationales qui, femblables en quelque forte à ces fruits nés de deux arbres différents adoptés l'un par l'autre, réuniffant la force & la douceur, confervent les avantages de leur double origine. Que ceux qui regrettent les fiècles paffés, cherchent de pareils caractères dans notre ancienne Chevalerie.

Quoi qu'il en foit, on convient qu'en général elle jeta dans les ames une énergie nouvelle, moins dure, moins féroce que celle dont l'Europe avoit fenti les effets à l'époque de Charlemagne. On convient qu'elle marqua d'une empreinte de grandeur impofante la plupart des événements qui fuivirent fa naiffance ; qu'elle forma de grands caractères,

tères, qu'elle prépara même l'adouciffement des mœurs,
en portant la générofité dans la guerre, le platonifme dans
l'amour, la galanterie dans la férocité : de-là ces contraftes
qui nous frappent fi vivement aujourd'hui ; qui mêlent &
confondent les idées les plus difparates, Dieu & les Dames,
le Catéchifme & l'Art d'aimer ; qui placent la licence près
de la dévotion, la grandeur d'ame près de la cruauté, le
fcrupule près du meurtre ; qui excitent à-la-fois l'enthoufiafme, l'indignation & le fourire ; qui montrent fouvent,
dans le même homme, un héros & un infenfé, un Soldat,
un Anachorète & un Amant ; enfin qui multiplient dans
les annales de cette époque, des exploits dignes de la
Fable, des vertus, ornements de l'Hiftoire, & fur-tout les
crimes de toutes les deux : mœurs vicieufes, mais piquantes,
mais pittorefques ; mœurs féroces, mais fières, mais poë-
tiques. Auffi l'Europe moderne ne doit-elle qu'à la Chevalerie les deux grands Ouvrages d'imagination qui fignalèrent
la renaiffance des Lettres. Depuis les beaux jours de la
Grèce & de Rome, la Poëfie fugitive, errante, loin de
l'Europe, avoit, comme l'Enchantereffe du Taffe, difparu
de fon Palais éclipfé : elle attendoit, depuis quinze fiècles,
que le temps y ramenât des mœurs nouvelles, fécondes en
tableaux, en images dignes d'arrêter fes regards ; elle attendoit l'inftant, non de la barbarie, non de l'ignorance,
mais l'inftant qui leur fuccède, celui de l'erreur, de la
crédule erreur, de l'illufion facile qui met entre fes mains
le reffort du merveilleux, mobile furnaturel de fes fictions
embellies. Ce moment eft venu ; les triomphes des Chevaliers ont préparé les fiens, leurs mains victorieufes ont de
leurs lauriers treffé la couronne qui doit orner fa tête.
A leurs voix, accourent de l'Orient les Efprits invifibles,

C

moteurs des Cieux & des Enfers, les Fées, les Génies, déformais fes Miniftres: ils accourent, & dépofent à fes pieds les talifmans divers, les attributs variés, emblêmes ingénieux de leur puiffance, de leur puiffance foumife à la Poëfie, Souveraine légitime des enchantements & des préftiges. Elle règne: quelle foule d'images fe preffent, fe fuccèdent fous fes yeux! Ces batailles où triomphent l'impétuofité, la force, le courage, plus que l'ordre & la difcipline; ces harangues des Chefs, ces Femmes guerrières; ces dépouilles des vaincus, trophées de la victoire; ces vœux terribles de l'amitié vengereffe, de l'amitié; ces Cadavres rendus aux larmes des parents, des amis; ces armes des Chevaliers fameux, objet, après leur mort, de difpute & de rivalité: tout vous rappelle Homère. Et c'eft la Patrie de l'Ariofte, du Taffe, c'eft l'Italie qui a mérité cette gloire; tandis que la France, depuis quatre fiècles, languit, foible & malheureufe, fous une autorité incertaine, avilie ou combattue, fans lois, fans mœurs, fans Lettres, ces Lettres tant recommandées par la Chevalerie!.... Ici, MESSIEURS, vous pourriez éprouver quelque furprife; vous pourriez penfer, fur la foi d'une opinion trop répandue, qu'il étoit réfervé à nos jours de voir la Nobleffe Françoife unir les Armes & les Lettres, & affocier la Gloire à la Gloire. Cette réunion remonte à l'origine de la Chevalerie; c'étoit le devoir de tout Chevalier, & une fuite de la perfection à laquelle étoient appelés fes Profélytes. Et qui croiroit qu'exigeant la culture de l'efprit, même dans les amufements les plus ordinaires, la Chevalerie n'allioit aux exercices du corps que les jeux qui occupent ou développent l'intelligence, & profcrivoit furtout ces jeux d'où l'efprit s'abfente, pour laiffer régner le hafard ? Quelle eft donc l'époque qui devint le terme de cette eftime pour les Lettres, & la changea même en mépris ? ce fut le moment où les fubtilités épineufes de l'école hérifsèrent toutes les branches de la Littérature ; & vous conviendrez, MESSIEURS, que l'inftant du dédain ne pouvoit être mieux choifi. Encore fe trouvoit-il plufieurs Chevaliers fervents qui s'élevoient avec force contre cette orgueilleufe négligence des anciennes lois. C'étoit fur-tout un vrai fcandale pour le zélé & difcret Boucicaut, comme on le voit par le Recueil de fes Vers, Virelais, Ballades, alors chantés par toute la France, auxquels il attachoit un grand prix, & qu'il compofoit lui-même. Ainfi, MESSIEURS, lorfqu'avant l'époque où l'on vit tous les genres de gloire environner le Trône de Louis XIV, lorfque François Ier, ce Prince fi paffionné pour la Chevalerie, reffufcitoit de fes regards la culture des Lettres en France, il renouvelloit feulement l'antique efprit de cette brillante Inftitution. C'eft ainfi que notre augufte Monarque, en condamnant des jeux autrefois interdits, rappelle aux Defcendants des anciens Chevaliers une loi refpectée par leurs prémiers Ancêtres ; loi paternelle, inviolable déjà fans doute par la feule fanction du Prince, mais que l'orgueil du Rang protégera peut-être encore. Défobéir, c'eft déroger.

Seroit-il poffible, MESSIEURS, de voir ces grands noms unis & rapprochés, fans nous rappeler à-la-fois, & les bienfaits de la puiffance Royale, & les vertus de notre augufte Monarque ? Qu'il foit béni plus encore que célébré, ce Roi qu'il eft permis de ne louer que par des faits, feul éloge digne d'un cœur qui rejette tout autre éloge ; ce Roi qui efface, autant qu'il eft en lui, les veftiges de l'antique opprobre féodal ; qui, en rendant la liberté à des hommes, a reconquis des ſujets : oui, reconquis; l'eſclave eſt un bien perdu, qui n'appartient à perſonne! Qu'il ſoit béni, & par l'infortuné, moins indigent dans l'aſile même de l'indigence, & par l'innocent, ſouſtrait à la cruelle mépriſe des Lois, & par un Peuple qui ſait aimer ſes Maîtres, le ſeul peut-être qui les ait conſtamment chéris, & dont l'amour, juſtifié maintenant, devança plus d'une fois & leurs bienfaits & leur naiſſance! A ce mot.... puiſſe-t'il être un préſage!.... Puiſſe bientôt un Monarque chéri preſſer entre ſes bras paternels le précieux gage de la félicité de nos Neveux! Puiſſe-t'il verſer ſur ce Royal Enfant, non moins en Roi qu'en père, les douces larmes de la tendreſſe & de la joie! Et ſi j'oſois mêler au vœu de la Patrie, non pas l'expreſſion, mais du moins l'accent reſpectueux de la reconnoiſſance, j'ajouterois : Puiſſe le premier ſourire d'un fils payer les vertus de ſon auguſte mère!

C'eſt ici, MESSIEURS, que je voudrois pouvoir terminer ce Diſcours. Et par où le finir plus convenablement que par l'éloge de la vertu ſur le Trône? Mais après avoir expoſé les vues principales que raſſemblent, ou du moins que font naître les Ouvrages de M. de Sainte-Palaye, il me ſemble que j'ai preſque oublié de louer M. de Sainte-Palaye lui-même. Ce n'eſt pas lui qu'on aura fait connoître, en ne parlant que de ſes livres; & c'eſt dans ſon caractère que réſide une grande partie de ſon éloge. Ses mœurs, vous le ſavez, uniſſoient à l'aménité de notre ſiècle la ſimplicité, la candeur, la naïveté qu'on ſuppoſe à nos Pères. Épris de nos anciens Chevaliers, il ſembloit avoir emprunté d'eux & adopté, dans les proportions convenables, les qualités qui diſtinguent en effet pluſieurs de ces Guerriers célèbres, honneur, déſintéreſſement, galanterie, loyauté; &, s'il m'eſt permis de pouſſer plus loin le parallèle, on voit par l'étendue de ſes travaux, qu'à l'exemple des anciens Chevaliers, il ne s'effrayoit pas des grandes entrepriſes. C'eſt par cette conſtance & par cette paſſion pour l'étude, qu'il avoit réparé ſi promptement le déſavantage d'une jeuneſſe débile & languiſſante, qu'une ſanté trop foible avoit rendue preſqu'entièrement étrangère aux Lettres. Croira-t'on qu'un homme placé de ſi bonne heure au rang des Savants les plus diſtingués, admis à vingt-ſix ans dans une Compagnie célèbre par l'érudition, ait paſſé les vingt premières années de ſa vie ſous les yeux de ſa mère, partageant auprès d'elle ces occupations faciles qui mêlent l'amuſement au travail des femmes? Peut-être cette ſingularité d'une éducation purement maternelle, bornée pour d'autres à l'époque de la première enfance, & qui ſe prolongea pour lui juſques à la jeuneſſe, fut pour M. de Sainte-Palaye une des ſources de cette douceur inſinuante, de cette indulgence aimable dont le cœur d'une mère eſt ſans doute le plus parfait modèle. Peut-être l'auſtérité précoce d'une éducation trop dure ou moins facile a plus d'une fois reſſerré le germe, ou flétri du moins la fleur d'une ſenſibilité naiſſante. M. de Sainte-Palaye, plus heureux,.... deſtinée unique d'un être né pour le bonheur, qui paſſe, ſans intervalle, de l'aſile maternel ſous la ſauve-garde de l'amitié. Dès ce moment, MESSIEURS, je ne puis que vous rappeler des faits connus de la plupart d'entre vous; & ſi j'oſe vous en occuper, ſi je m'arrête un moment ſur la peinture de cette union fraternelle, c'eſt que le nom ſeul de M. de Sainte-Palaye m'en fait un devoir indiſpenſable: c'eſt l'hommage le plus digne de ſa mémoire; & vous-mêmes vous penſez que le Sanctuaire des Lettres ouvert aux talents, ne s'honore pas moins des vertus qui les embelliffent.

La tendreffe des deux frères commença dès leur naiffance, car ils étoient jumeaux; circonftance précieufe, qu'ils rappeloient toujours avec plaifir. Ce titre de jumeaux leur paroiffoit le préfent le plus heureux que leur eût fait la Nature, & la portion la plus chère de l'héritage paternel: il avoit le mérite de reculer pour eux l'époque d'une amitié fi tendre, ou plutôt ils lui devoient le bonheur ineftimable de ne pouvoir trouver dans leur vie entière un moment où ils ne fe fuffent point aimés. M. de Sainte-Palaye n'a fait que fix Vers dans fa vie, & c'eft la traduction d'une Epigramme grecque fur deux Jumeaux. Le teftament des deux frères, car ils n'en firent qu'un, & celui qui mourut le premier difpofa des biens de l'autre; leur teftament diftingua, par un legs confidérable, deux parentes éloignées qui avoient l'avantage, inappréciable à leurs yeux, d'être fœurs, & nées, comme eux, au même inftant. C'eft avec le même intérêt qu'ils fe plaifoient à raconter que, dans leur jeuneffe, leur parfaite reffemblance trompoit l'œil même de leurs parents; douce méprife, dont les deux frères s'applaudiffoient. On auroit pu les défigner dès-lors, comme le fit depuis M. de Voltaire par une allufion très-heureufe;

O fratres Helenæ lucida fydera !

confécration poëtique qui leur affignoit, parmi nous, le rang que tiennent dans la Fable ces deux Jumeaux célèbres, jadis les protecteurs, & maintenant les fymboles de l'amitié fraternelle. Mais, plus heureux que les frères d'Hélène, privés, par une éternelle féparation, du plus grand charme de l'amitié, une même demeure, un même appartement, une même table, les mêmes fociétés, réunirent conftamment MM. de la Curne : peines & plaifirs, fenti-

ments & penfées, tout leur fut commun, & je m'aperçois que cet éloge ne peut les féparer. Et pourquoi m'en
ferois-je un devoir? pourquoi M. de la Curne ne feroit-il
pas affocié à l'éloge de fon frère? C'étoit lui qui fecon-
doit le plus les travaux de M. de Sainte-Palaye, en veillant
fur fa perfonne, fur fes befoins, fur fa fanté, en fe char-
geant de tous ces foins domeftiques, qu'un fentiment rend
fi nobles & fi précieux. Heureux les deux frères fans doute!
mais plus encore celui des deux qui, voué aux Lettres,
& plus fouvent folitaire, arraché à fes Livres par fon ami,
reçoit de l'amitié fes diftractions & fes plaifirs; qui, tous
les jours, épanche dans un commerce chéri les fentiments
de tous les jours; qui ne voit aucun moment de fa vie
tromper les befoins de fon cœur; enfin qui n'a jamais connu
ce tourment d'une fenfibilité contrainte, aigrie ou combattue, ce poifon des ames tendres, qui change en amer-
tume fecrète la douceur des plus aimables affections! De-là
fans doute dans M. de Sainte-Palaye ce calme intérieur,
cette tranquille égalité de fon ame, qui, manifeftée dans
les traits & dans la férénité de fon vifage, intéreffoit d'abord
en fa faveur, devenoit en lui une forte de féduction, &
faifoit de fon bonheur même un de fes moyens de plaire.
Ainfi s'écouloit cette vie fortunée, fous les aufpices d'un
fentiment qui, par fa durée, devint enfin l'objet d'un intérêt général. Combien de fois a-t-on vu les deux frères,
fur-tout dans leur vieilleffe, paroiffant aux Affemblées publiques, aux Promenades, aux Concerts, attirer tous les
regards, l'attention du refpect, même les applaudiffements!
avec quel plaifir, avec quel empreffement on les aidoit à
prendre place, on leur montroit, on leur cédoit la plus
commode ou la plus diftinguée! triomphe dont leur cœur

jouiſſoit avec délices; triomphe ſi doux à voir, ſi doux à peindre : car, après la vertu, le ſpectacle le plus touchant eſt celui de l'hommage que lui rendent les Hommes aſſemblés ; & dans les rencontres ordinaires de la Société, on n'aperçut jamais un des deux frères, ſans croire qu'il cherchoit l'autre. A force de les voir preſque inſéparables, on diſoit, on affirmoit qu'ils ne s'étoient jamais ſéparés, même un ſeul jour. Il falloit bien ajouter au prodige ; & leur union étoit miſe, dès leur vivant, au rang de ces amitiés antiques & fameuſes qui paſſionnent les ames ardentes, & dont on ſe permet d'accroître l'intérêt par les embelliſſements de la fiction. Eh ! qu'en eſt-il beſoin, lorſqu'ils ſe ſont fait mutuellement tous les ſacrifices, & enfin celui d'un ſentiment qui, pour l'ordinaire, triomphe de tous les autres ? M. de la Curne eſt près de ſe marier ; M. de Sainte-Palaye ne voit que le bonheur de ſon frère : il s'en applaudit ; il eſt heureux ; il croit aimer lui-même : mais, la veille du jour fixé pour le mariage, M. de la Curne aperçoit dans les yeux de ſon frère les ſignes d'une douleur inquiète, mêlée de tendreſſe & d'agitation. C'eſt que M. de Sainte-Palaye, au moment de quitter ſon frère, redoutoit pour leur amitié les ſuites de ce nouvel engagement. Il laiſſe entrevoir ſa crainte ; elle eſt partagée. Le trouble s'accroît, les larmes coulent. «Non, dit M. de la Curne, je » ne me marierai jamais» : les ſerments furent réciproques ; & jamais ils ne ſongèrent à les violer. C'eſt ainſi que M. de Sainte-Palaye vit exécuter, & lui-même exécuta une des lois de la Chevalerie qui lui plaiſoit ſans doute davantage, la fraternité préférée à tout, même au ſervice des Dames.

O charme ſimple & naïf d'une ſcène intérieure & domeſtique ! combien d'autres non moins douces, non moins

touchantes,

touchantes, oubliées & enfevelies dans le fecret de cette
heureufe demeure , afile de l'amitié! Pourquoi faut-il que
l'âge & le temps lui en offrent de plus affligeantes & de
plus douloureufes? Ah! la vieilleffe avance; elle amène
l'idée d'une féparation, la mort leur eft affreufe. Ils fré-
miffent, leurs cœurs fe précipitent l'un vers l'autre; ils fe
ferrent, fe preffent avec terreur; ils mêlent & confondent
leurs pleurs, leurs craintes, dirai-je leurs efpérances? Il en
eft une qu'ils faififfent, qu'ils embraffent avec tendreffe : ils
font nés à la même heure; fi la même heure, fi la mort
les uniffoit! Cette idée les confole, les raffure. Où ils ne
voient plus de féparation, la mort a difparu : l'illufion s'a-
chève, ils ofent s'en flatter; & dans l'égarement de leur
douleur, ils fe promettent un miracle, n'en connoiffant pas
de plus impoffible que de vivre féparés. Il approche toutefois, cet inftant redoutable; c'eft M. de la Curne dont la
fanté chancelante annonce la fin prochaine. On tremble,
on s'attendrit pour M. de Sainte-Palaye; c'eft à lui que
l'on court, dans le danger de fon frère: tous les cœurs font
émus; leurs amis, leurs connoiffances, quiconque les a vus,
tous en parlent, tous s'en occupent; le feu Roi, car une
telle amitié devoit parvenir jufqu'au Trône, montra quelqu'intérêt pour l'infortuné menacé de furvivre. C'eft lui
que plaint fur-tout le mourant lui-même. « Hélas, dit-il,
» que deviendra mon frère? je m'étois toujours flatté qu'il
» mourroit avant moi ». O regret, peut - être fans exemple!
O vœu fublime du fentiment, qui, dans ce partage des dou-
leurs, s'emparoit de la plus amère pour en fauver l'objet
de fa tendreffe! Vous les avez fus, MESSIEURS, ces détails
que des récits fidelles vous apportoient tous les jours; vous
avez frémi fur le fort d'un Vieillard,... j'allois dire abandonné, c'eft prefque l'épithète de cet âge. Mais non, fes

D

amis fe raffemblent, l'environnent, fe fuccèdent ; des femmes jeunes, aimables, s'arrachent aux diffipations du monde pour feconder des foins fi touchants. Il a vécu pour l'amitié, il eft fous la tutèle de tous les cœurs fenfibles. Ah ! qu'il eft doux de voir démentir ces triftes exemples d'un abandon cruel & trop fréquent, ces crimes de la Société qui confternent l'ame, en lui rappelant fes bleffures ou lui préfageant celles qui l'attendent ! Avec quel foulagement, avec quel plaifir le cœur abjure ces penfées auftères, ces fombres réflexions qui nous préfentent l'Humanité fous un afpeĉt lugubre, qui anticipent fur la mort, en montrant l'Homme ifolé dans la foule & féparé de ce qui l'entoure ! Un bonheur conftant avoit épargné à M. de Sainte-Palaye ces idées affligeantes, & en préferva fa vieilleffe. C'étoit le prix de fes vertus, fans doute, mais fur-tout de cette indulgence inépuifable, univerfelle, qui paffoit dans tous fes difcours, & que promettoit encore la douceur de fon maintien. Né pour aimer, il ne peut haïr, même le vicieux, même le méchant. Ce n'eft pour lui qu'un être qui n'eft pas fon femblable, dont il s'écarte fans colère & prefque fans chagrin : douce facilité, qui, fans altérer la pureté de fes mœurs, affuroit à-la-fois & la tranquillité de fon ame, & le repos de fa vie, & qui lui épargnant la peine de haïr le vice, épargnoit au vice le foin de fe venger. Heureux caraĉtère, qui, à moins d'être l'effort d'une raifon mûrie, paifible & calme, après avoir tout jugé, n'eft qu'un préfent de la Nature, & n'eft point la vertu fans doute, mais que la vertu même pourroit envier. C'eft cette douceur de M. de Sainte-Palaye, c'eft cet intérêt univerfel, accru par fon âge & par fon malheur, qui calma la violence de fon premier défefpoir, qui en modéra les accès, & les changea en une tendre mélancolie qu'il porta jufqu'au tombeau. Hélas ! on s'étonnoit qu'il s'y traînât fi lentement : on reprochoit à la Nature de le laiſſer vivre après fon frère. Ah ! c'eſt qu'il vivoit encore avec lui ; il l'entendoit, il le voyoit fans ceſſe. Vous en fûtes témoins, MESSIEURS, lorfqu'à l'une de vos Aſſemblées particulières, chancelant, prêt à tomber, il eſt fecouru par l'un de vous qu'il connoiſ- foit à peine ; c'étoit un de vos choix les plus récents *. « Monſieur, dit le Vieillard, vous avez fûrement un frère » ! Un frère, un fecours ! ces deux idées font pour lui inſépa- rables à jamais. Toutes les autres s'altèrent, s'effacent par de- grés ; la douleur, la vieilleſſe , les infirmités affoibliſſent fes organes ; difons tout, fa raifon. Mais cette idée chérie furvit à fa raifon, le fuit par-tout, & confacre à vos yeux les triftes débris de lui-même. Il n'eſt plus qu'une ombre, il aime encore ; & femblable à ces Manes, habitants de l'Eliſée, à qui la Fable conſervoit & leurs paſſions & leurs habitudes , il vient à vos Séances, il vous parle de fon frère, & vous reſpectez, dans la dégradation de la Nature, le fen- timent dont elle s'honore davantage.

Je m'aperçois , MESSIEURS, que l'intérêt, fans doute in- féparable de ce fentiment, m'attire quelque indulgence ; mais où finit cet intérêt, l'indulgence ceſſe & m'ordonne de m'arrêter. Et que vous dirois-je qui pût foutenir votre attention ? Rappelerois-je quelques traits non moins pré- cieux du caractère de M. de Sainte-Palaye, fa bonté bien- faifante, fa générofité, d'autres vertus ? ... Ah ! l'amitié les fuppofe. Les vertus ! c'eſt fon cortége naturel ; & celles qui ne la précèdent pas, la fuivent pour l'ordinaire. Qu'importe que j'oublie encore quelques traits intéreſſans ou curieux de fa vie privée, de fes voyages, les honneurs littéraires qu'il reçut en France & en Italie ? Eh ! que font, auprès

* M. Ducis.

d'un fentiment ; les titres, les honneurs littéraires ?... Je ne vous offenfe pas, MESSIEURS; qui d'entre vous, au milieu de fes travaux, de fes fuccès, dans la jouiffance d'une jufte célébrité, n'a point envié, plus d'une fois peut-être, les douceurs habituelles qu'une telle union répandit fur une vie fi longue & fi heureufe ? Preftige de la gloire, éclat de la renommée, illufions fi brillantes & fi vaines, fi recher-chées & fi trompeufes, auriez-vous rempli fes jours d'une félicité fi pure & fi durable? Ah ! l'amitié plus fidelle ne trompa point M. de Sainte-Palaye ; elle fut le bonheur de fa vie entière, & non le menfonge d'un moment. Son ami lui peut échapper, comme tous les biens nous échappent; mais l'amitié lui refte, & n'accufe point l'erreur de fes plaifirs paffés. Elle lui coûte des regrets, mais non celui d'avoir vécu pour elle ; & fes regrets encore, mêlés à l'image qui les rend chers à fon cœur, reçoivent de cette image même le charme fecret qui les tempère, les adoucit, & les égare en quelque forte dans l'attendriffement des fou-venirs. Que dis-je? ô confolation! ô bonheur d'une deftinée fi rare! c'eft l'amitié qui veille encore fur fes derniers jours. Il pleure un frère, il eft vrai, mais il le pleure dans le fein d'un ami qui partage cette perte, qui la remplace autant qu'il eft en lui, qui lui prodigue, jufqu'au dernier moment, les foins les plus attentifs, les plus tendres; ajoutons, pour flatter fa mémoire, les plus fraternels. C'eft parmi vous, MESSIEURS, qu'il devoit fe trouver, cet ami fi refpectable *, ce bienfaiteur de tous les inftans, qui, chaque jour, & plufieurs fois chaque jour, abandonne fes études, fes plai-firs, pour aller fecourir l'enfance de la vieilleffe. Vos yeux le cherchent, fon trouble le trahit: nouveau garant de fa fenfibilité, nouvel hommage à la mémoire de l'ami qu'il honore & qu'il pleure.

* M. de Bréqui-gny.

RÉPONSE de M. SÉGUIER, Directeur de l'Académie Françoise, au Discours de M. DE CHAMFORT.

Monsieur,

DEPUIS long-temps on accuse l'Académie Françoise d'être vouée à la louange : ce reproche est-il injuste ou fondé ? Ce seroit peut-être la matière d'un long examen ; mais cette justification seroit encore exposée à être regardée comme un éloge, & ne feroit qu'aggraver l'imputation que j'aurois voulu détruire. Cependant, puisque le sort m'a nommé pour répondre aux témoignages de la vive reconnoissance que vous venez de faire éclater, qu'il me soit permis de repousser l'espèce de ridicule que l'envie & la malignité cherchent à répandre sur la solennité de nos adoptions.

Pourquoi cette différence entre l'usage de cette Compagnie & celui des autres Sociétés Littéraires ? Pourquoi ces réceptions décorées d'une sorte d'appareil ? Quel est le motif de ces Séances qu'honore en ce moment un Prince, qui, joignant aux vertus guerrières le talent de la parole, semble fait pour intimider l'Eloquence même ; de ces Séances où s'empressent d'assister ce que la Capitale renferme de

E

plus inftruit dans tous les Ordres, les Etrangers les plus
diftingués, & l'élite même d'un fexe en qui les grâces
n'excluent point les lumières, dont la feule préfence eft
un encouragement pour les Lettres, comme elle l'étoit autrefois pour les Armes, & dont le fuffrage eft d'autant plus
flatteur, qu'il eft dans notre Siècle des Mufes parmi les
Femmes, qui, ne fe bornant point à un goût ftérile pour
les Lettres, favent quelquefois les enrichir elles-mêmes,
fans afficher la prétention du bel-efprit, & fans encourir
le ridicule de la pédanterie ?

C'eft à ce Public refpe£table & choifi que l'Académie
fe fait un devoir de rendre compte de fes élections ; &
quoiqu'il foit cenfé avoir en quelque forte prévenu fon
choix, peut-elle fe difpenfer de le juftifier dans la perfonne
de l'Académicien qu'elle adopte, & dans celle de l'Académicien qu'elle regrette ? Elle cherche à honorer la mémoire
de l'un, en retraçant le mérite de fes travaux littéraires,
louange non fufpecle, puifqu'il n'eft plus à portée de l'entendre ; elle rappelle de même les travaux de l'autre, pour
l'exciter à de nouveaux efforts, la gloire dont il doit fe
couvrir un jour, devient alors l'ouvrage de l'Académie &
une propriété pour chacun de fes Membres.

Quelle louange d'ailleurs peut être traitée de flatterie,
lorfqu'elle fert d'aiguillon non-feulement à ceux qui la
méritent, pour la mériter encore à l'avenir, mais même à tous
ceux qui auroient l'ambition d'obtenir un jour ces hommages
publics rendus au talent couronné, & que juftifient l'affluence
& l'applaudiffement des témoins ? Les acclamations qu'excite
à fon paffage celui qui traverfe la foule de fes admirateurs,
pour venir prendre place parmi nous, ne couvrent-elles

pas les vains bourdonnements des détracteurs jaloux, qui voudroient, comme autrefois, dans Rome, infulter au Triomphateur, & à la voix qui fe glorifie de l'honorer?

Sans craindre qu'on me foupçonne d'adulation, je commencerai donc par vous, MONSIEUR, à remplir la tâche honorable que l'équité m'impofe.

L'Académie, intéreffée à fa propre gloire, a reconnu dans une Affemblée particulière vos droits à la place que vous occupez: elle les reconnoît encore aujourd'hui d'une manière plus folennelle, & le concours du Public éclairé qui nous environne, eft une confirmation de notre choix. Il fe fouvient avec plaifir de vous avoir vu au rang des Athlètes que nous couronnons chaque année. Vos premiers effais annoncèrent vos talents; les fuffrages qui vous ont décerné une double palme, étoient de notre part une première adoption. Dès l'entrée de la cárrière, votre jeuneffe s'eft diftinguée par deux Ouvrages que vos Juges eux-mêmes n'auroient peut-être pas défavoués. C'eft dans de pareils Candidats que l'Académie fe plaît à envifager d'avance le mérite qui doit un jour réparer fes pertes : les Couronnes qu'elle diftribue font pour elle une efpèce d'engagement d'admettre dans fon fein ceux qui les ont obtenues; engagement conditionnel néanmoins, & qui n'a de validité qu'autant que la main qui moiffonne les Lauriers Académiques, a le courage & la force d'en cueillir de nouveaux. L'Académie reconnoît fes Elèves à ces auréoles de gloire dont leur front eft environné : pourroit-elle rejeter en marâtre ceux qu'elle a produits dans le Public par fes fuffrages? & fi elle paroît négliger un grand nombre de fes enfants adoptifs, ceux qu'elle abandonne n'ont point

E ij

répondu à l'honneur de fon adoption : elle les oublie parce qu'ils fe font oubliés eux-mêmes ; c'eft reculer dans la carrière, que de n'y pas avancer.

Les Ouvrages qui vous ont mérité la double couronne dont les fleurs font partie de celle que vous recevez aujourd'hui, ces Eloges de deux Génies créateurs étoient le fruit d'une méditation profonde, & la juftelle de vos réflexions fuffifoit feule pour donner l'opinion la plus favorable de vos talents. La première idée que le Public conçoit du mérite naiffant, eft la bafe de la réputation ; l'édifice s'élève avec plus ou moins de lenteur, mais fa durée dépend de la folidité des fondements, bien plus que de la régularité de l'architecture ou de la beauté des ornements. Que ne deviez-vous donc pas efpérer de l'accueil flatteur que vous avez reçu de l'Académie & du Public? L'expérience nous apprend que dans un fiècle de lumières, dans un Pays où l'on peut dire que l'Efprit eft une production du fol, où il abonde de toutes parts, où l'habitude d'en montrer en éclipfe le plus fouvent l'éclat, ce n'eft pas un avantage médiocre de fe donner de bonne heure une célébrité réelle, & de faire diftinguer fa fortune au milieu de la richeffe publique.

Le talent de l'analyfe, un coup-d'œil auffi jufte que pénétrant, un tact auffi fûr que délicat, vous ont fait faifir le caractère du premier de nos Poëtes comiques. Vous avez développé avec une fagacité peu commune les beautés originales de ce grand Peintre des ridicules & des vices : Homme extraordinaire qui a fu donner à fes couleurs de l'éclat & de la vivacité, du mouvement & de la vie pour tous les temps ; qui n'aura jamais rien à redouter des vicissitudes ordinaires chez un Peuple changeant; où il y a tant de goûts fugitifs, tant de modes pour les idées comme pour les vêtements: Esprit inventif & fécond, qui seul a connu l'Art d'attacher également & d'amuser le Spectateur par un fonds de gaieté intarissable, réunie à un but moral, & toujours résultante de l'ordonnance de ses plans; en sorte que par la seule situation où il met ses personnages, les expressions les plus simples deviennent comiques, tout prend la teinture du fonds, & les ris qui ne font que suivre ordinairement les plaisanteries, précèdent le dialogue des Acteurs & commencent à l'ouverture même de la Scène: Génie robuste, qui, au milieu des variations de plus d'un siècle, n'a dû sa consistance inaltérable qu'au soin particulier qu'il a pris de peindre toujours, plutôt la Nature qui reste que le moment qui passe, l'Homme dans ses mœurs plutôt que dans ses manières: Génie inimitable enfin, qui n'a son égal ni dans l'Antiquité, ni dans les Nations étrangères, & dont les desseins sont si corrects & si vrais, qu'on en a peut-être moins approché que des Chef-d'œuvres de nos plus grands Poëtes tragiques.

Si l'Eloge de cet Auteur immortel vous attira dans ce lieu même de si justes applaudissements, vous avez encore renchéri sur ce premier Ouvrage : vous avez obtenu une nouvelle préférence sur vos rivaux, en dressant un piédestal à un autre Génie qui fait créer ce qu'il emprunte, & s'approprier ce qu'il adopte; supérieur peut-être, comme Poëte, aux plus grands Maîtres de l'Art, & qu'on peut ranger dans la classe des Auteurs Dramatiques, puisque ses Apologues font autant de petites Scènes où la morale mise en action, est toujours revêtue des grâces de la Nature, & animée

d'une gaieté, je dirois aussi simple qu'inimitable, si je n'a-
percevois au milieu de nous son successeur & son rival.

Je n'ajouterai rien après vous, MONSIEUR, au portrait
de ces deux grands phénomènes de la Littérature Françoise;
j'observerai seulement que la sagacité que vous avez mise à
tracer le caractère de La Fontaine, est un objet digne de
remarque dans la République des Lettres. Le mérite dis-
tinctif de cet Auteur est dans sa naïveté: vous l'avez loué
d'une manière digne de lui, sans être la sienne; & de même
que dans la science des mixtes, pour opérer certains effets,
on allie souvent les contraires, il falloit sans doute, pour
l'analyser avec succès, une trempe d'esprit tout-à-fait diffé-
rente de celle du Fabuliste François.

Les talents séparés de Poëte & d'Orateur sont deux titres
suffisants, chacun en particulier, pour mériter la place où
vous venez vous asseoir. Mais vous réunissez au même degré
ces deux mérites; vous avez deux apanages sur le Par-
nasse, & un double droit aux honneurs que vous recevez.
Vous avez embelli du charme d'une versification facile *la
jeune Indienne*. Les applaudissements que vous aviez reçus
à l'Académie vous ont suivi au Théâtre; vous avez fait voir
que l'Art de la Scène comique ne vous étoit pas moins
familier que la discussion sous les traits de l'Eloquence.
Dans ce premier drame, vous avez voulu développer les
sentiments d'une jeune ame, que l'ignorance des institutions
sociales laisse intacte & dans toute sa candeur, qui ne suit
que l'impulsion de sa pensée, qui ne connoît point de vertus locales, & n'a pour loi & pour règle que les lumières
naturelles, ou un instinct peut-être aussi sûr que la raison,
Ce tableau avoit déja été présenté au Théâtre François

dans l'*Isle déserte*; mais vos pinceaux l'ont rajeuni, & un succès devenoit difficile après un autre.

Par un contraste sans doute réfléchi, vous avez offert au Public, dans *le Marchand de Smyrne*, l'image piquante d'une traite d'Esclaves; échange aussi odieux pour un François que le mot d'esclavage paroît dûr à son oreille; mais le génie de la Nation, qui fait tout égayer, vous a heureusement inspiré. L'aménité qui vous est naturelle, a semé ce petit Ouvrage de plusieurs traits de galanterie, faits pour adoucir ce qu'il y avoit de révoltant dans ce sujet pour des hommes libres, & en qui l'obéissance même porte le caractère de la liberté.

Le brodequin de Thalie ne suffisoit pas à votre ambition; vous avez encore essayé de chausser le cothurne de Melpomène, & les premiers applaudissements étoient dus au choix du sujet. L'amitié, si rare entre les hommes du même rang, plus rare encore entre un Prince & un Sujet, incompréhensible sur-tout au milieu du despotisme Asiatique, entre deux Princes qui ont un droit égal à la Couronne, l'amitié, ce sentiment si doux, si naturel, si oublié, l'amitié entre les deux fils d'un Sultan, l'amitié dans le Serrail, voilà le sentiment que vous avez présenté sur la Scène. C'étoit sous des noms empruntés rendre un juste hommage à l'union intime qu'on voit régner entre notre jeune Monarque & ses augustes Frères. L'allusion a été saisie; deux frères qui veulent se sacrifier l'un pour l'autre, qui se sacrifient l'un à l'autre, ce combat généreux & touchant étoit fait pour arracher des larmes, & pour intéresser les ames les moins sensibles.

Cette amitié fraternelle que vous avez peinte dans le

cours de votre Tragédie, nous rappelle ici bien naturellement l'amitié que M. de Sainte-Palaye portoit à fon frère, fentiment délicieux pour les cœurs qui favent en jouir, & qui doit être le premier trait de fon éloge. Jamais on ne pouffa plus loin cette affection, qui, à la honte de l'humanité, n'eft pas univerfelle, tant la Nature & l'intérêt font fouvent en concurrence, & l'une prefque toujours indignement facrifiée à l'autre. M. de la Curne rendoit à fon frère ce fentiment dans toute fa force: mais quoique partagé, il n'en refta pas moins tout entier aux deux frères; ils furent fi unis, qu'il faudroit les confondre dans cette partie de leur éloge. L'un étoit l'autre, ils n'avoient qu'une même ame.

La Nature en les formant enfemble dans le même fein, en les faifant naître au même inftant, fembla vouloir doubler entr'eux la fraternité; ils s'aimoient par cette douce fympathie fi naturelle à deux êtres qui entrent & marchent d'un pas égal dans le chemin de la vie, qui accumulent fur leurs têtes le même nombre d'années, qui ne changent point à leurs yeux parce qu'ils changent enfemble, parce que la main du Temps n'imprime fur leurs fronts que les mêmes traces, & que leurs exiftences font, pour ainfi dire, parallèles. Mais cette reffemblance jufques dans les traits du vifage, qui formoit peu de différence entre les frères dans leur enfance lorfqu'on les voyoit enfemble, & qui les faifoit confondre fi-tôt qu'on les féparoit, cette conformité phyfique ne fuppofe pas toujours une conformité morale. Autrement, quel mérite auroient-ils à fe chérir? Leur tendreffe ne feroit peut-être que de l'amour-propre; elle feroit plutôt perfonnelle que réciproque; ils s'aimeroient

eux-mêmes

eux-mêmes dans chacun d'eux, & la néceffité de leur union en diminueroit le prix, puifqu'elle en ôteroit la mo-ralité.

M. de Sainte-Palaye & fon frère différoient abfolument de caractères & de goûts, & néanmoins ils s'aimèrent d'une amitié dont les facrifices ont été jufqu'à l'héroïfme. Si M. de Sainte-Palaye furvécut au compagnon de fa naiffance, on peut dire que fes regrets l'avoient-d'avance rejoint à un frère qu'il a chéri jufqu'au tombeau. Depuis cette féparation fatale qu'ils avoient anticipée par la crainte mutuelle de fe furvivre l'un à l'autre, M. de Sainte-Palaye n'a fait que traîner fes dernières années dans une langueur qui tenoit plus de l'anéantiffement que de la vie. Son corps habitoit encore fur la terre, fon ame erroit autour de la tombe de cette moitié de lui-même qui ne pouvoit entretenir l'exif-tence de l'autre. Heureux encore dans cet état intermé-diaire entre la vie & la mort, trop heureux de n'avoir point eu à fe plaindre d'être refté feul avec lui - même ! L'amitié devoit un prodige à M. de Sainte-Palaye, elle le fit, &; pour le dédommager de fa perte, elle lui avoit ménagé d'avance un fecond frère dans un ami commun. Ce Vieil-lard épuifé retrouva dans les foins de cet ami véritable, dans fa complaifance, dans fon affiduité, tout ce qu'il étoit en droit d'attendre de l'autre lui-même qui n'exiftoit plus. M. de Sainte-Palaye avoit reçu les derniers foupirs de ce frère fi tendrement chéri ; il devoit lui-même expirer entre les bras de l'amitié : elle eut la confolation de lui fermer les yeux. O amitié fainte ! tu n'habites que dans les cœurs vertueux !

Cet héroïfme de la tendreffe fraternelle, qu'on admiroit

dans M. de Sainte-Palaye, devoit naturellement tourner
fon efprit vers des occupations auffi nobles que défintéref-
fées. Il employa le plus grand nombre de fes veilles à élever
l'ame de fes Concitoyens; il fit les recherches les plus pro-
fondes fur la Chevalerie : il enrichit de fes réflexions le
Catéchifme de l'Honneur, genre de travail auffi élevé que
précieux, qui décèle la nobleffe de fon ame & donne la
mefure de fa vertu.

On ne peut fe diffimuler que l'efprit de Chevalerie ne
tînt à l'héroïfme, & qu'il n'ait été la fource d'une foule
de grandes actions. Ce refpect pour le Sexe, cette fidélité
à l'épreuve du temps, cette obligation facrée de ne jamais
manquer à fa parole, ces exploits, ces entreprifes hardies
foutenues des regards de la Beauté dont on avoit fait choix,
ces cirques de la France, auffi pompeux, mais moins bar-
bares que ceux de l'ancienne Rome, ces tournois folen-
nels, où l'adreffe & la force, heureufement combinées,
attachoient tous les yeux d'une Cour brillante & nombreufe,
les dangers qui accompagnoient ces défis, images de combats plus meurtriers, ces Héros armés Chevaliers par leurs
Souverains, ces Souverains armés eux-mêmes quelquefois
par un fimple Chevalier, ces Héroïnes, dont la main déli-
cate ceignoit l'épée au nouveau Chevalier, cette parité de
priviléges entre les Belles & les Rois, ces Guerriers qui,
loin de s'amollir au milieu des fêtes & dans le fein des
plaifirs, puifoient dans les yeux de la Beauté le courage &
l'efpérance de revenir vainqueurs, ce gage de bataille enfin
qui étoit toujours celui de l'honneur, & qu'on ne relevoit
jamais impunément, quels fpectacles étoient plus faits pour
élever l'ame des Citoyens témoins de ces fcènes nationales

& de ces joûtes militaires, où l'Etat Monarchique fembloit atteindre jufqu'aux vertus des anciennes Républiques ?

Lacédémone, malgré la rudeffe de fes mœurs, n'offrit-elle pas le même fpectacle à la Grèce ? La Spartiate auftère attachoit elle-même le glaive de fon fils ; elle le couvroit de fa cuiraffe, elle l'armoit de fon bouclier ; & après l'avoir embraffé avec tendreffe, mais avec courage, elle exigeoit, ou qu'il revînt couronné de lauriers, ou qu'on le rapportât mort fur ce même bouclier qui devoit lui fervir de premier cercueil. Les femmes avoient dans Sparte, comme mères, le même empire qu'elles ont exercé comme amantes dans nos temps héroïques. Toutefois, s'il y avoit quelque préférence à donner à un temps fur un autre, j'en attefte ici toute la Nobleffe Françoife, ne feroit-elle pas dûe aux fiècles de Chevalerie ? Eh ! quel refpect que celui que nos Ancêtres portoient à des femmes qui n'avoient que la qualité d'amantes fans en avoir les foibleffes ! refpect moins naturel, moins facré fans doute que celui qu'infpire la maternité, mais plus méritoire, plus fublime peut-être dans fes effets, en ce qu'il étoit la fource d'une obéiffance volontaire, & le principe de l'honneur qui fera toujours l'idole de la Nation.

Pourquoi faut-il que cet efprit fe foit affoibli au point où il paroît l'être aujourd'hui ? Seroit-il donc vrai que les François fe fuffent trop détachés d'un fentiment dont l'excès même avoit quelque chofe de louable ? feroit-il vrai qu'ils fe fuffent jetés dans l'extrémité contraire ; qu'ils euffent abandonné toutes les décences, & que, proftituant leurs affections à des objets indignes de leurs fentiments, oubliant ce qu'ils fe doivent à eux-mêmes & ce qu'ils doivent aux femmes, contents de leur rendre quelques foins frivoles en fe difpenfant des égards, les plus effentiels, ils fe fuffent accoutumés à n'eftimer dans leur conquête que la fatisfaction d'un vil égoïfme, & à fe faire gloire de les rendre tour-à-tour les jouets de leur vanité, les dupes de leurs artifices & les victimes de leur indifcrétion ?

C'eft à cet oubli des bienféances, à cette dégradation des ames, à cette corruption de mœurs que M. de Sainte-Palaye oppofoit une réclamation auffi éclatante que le défordre ; & il fe flattoit de réuffir en retraçant à un Peuple généreux l'image des temps de la Chevalerie, tournés en ridicule par le célèbre Roman de Michel Cervantes, & qui avoient befoin qu'une plume fage & citoyenne élevât un Code d'Honneur, pour fervir de contre-poids aux faillies & au caractère agréable, mais dangereux, de l'Ouvrage Efpagnol ; entreprife difficile, quand les efprits font pouffés dans une autre route. Les hommes ne font que trop fujets à confondre la nature des chofes avec l'abus qu'on en fait, comme fi la rouille qui s'attache au métal étoit le métal même. Ils profcrivent fans réflexion & fans retour les ufages les plus louables, quand les bizarreries qui y étoient mêlées ont donné prife au ridicule ; & fa puiffance eft affez forte pour dénaturer jufqu'au fentiment.

M. de Sainte-Palaye uniffoit un cœur droit & fenfible à une imagination vive & ardente ; ces deux qualités influoient tour-à-tour fur fes idées comme fur fes fentiments. Pourroit-on s'étonner de la prédilection qu'il a toujours marquée pour la Chevalerie ? Semblable à ces végétaux tranfportés des pays lointains, qui fe naturalifent avec peine dans nos climats, & finiffent par prendre la faveur du fol où ils font tranfplantés, ce goût s'étoit formé infenfiblement; il étoit devenu comme naturel en lui par l'habitude d'avoir continuellement fous les yeux les hauts faits d'armes, les actions éclatantes, les prodiges de valeur & de générofité des plus grands Hommes. Livré dès fon jeune âge à l'étude particulière de l'Hiftoire de France, il en avoit approfondi tous les détails; & dans la chaleur de fon premier projet, il avoit ofé concevoir le plan le plus étendu: Géographie, Chronologie, Généalogies, Antiquités, Mœurs, Ufages, Légiſlation, il avoit embraffé tous ces objets, qui, pris chacun féparément, femblent exiger un efprit différent, une méthode particulière, & fouvent un genre de travail abfolument contraire. C'eſt en réuniffant tous les matériaux néceffaires pour élever ce Coloffe d'érudition, c'eſt en rapprochant tout ce qu'il trouvoit de plus précieux, foit dans les Hiftoriens, foit dans les anciennes Poëſies Françoifes, foit dans les Ouvrages des Troubadours, qu'il prit une efpèce d'enthoufiafme pour nos anciens Chevaliers. Il devoit cependant y avoir un Ouvrage préliminaire de tout ce qu'il avoit projeté; l'Hiftoire de la Chevalerie devoit être précédée du Gloffaire complet de l'ancienne Langue Françoife depuis fon origine: Ouvrage immenfe, qui demandoit, pour être achevé, plutôt la durée des fiècles qu'il renferme, que le court efpace de la vie d'un feul homme, quelque laborieux qu'il puiffe être. M. de Sainte-Palaye, endurci au travail par l'excès même du travail, entreprit courageufement un Recueil auffi défiré pour fon importance qu'effrayant par fon étendue, & auquel il ne pouvoit pas fe flatter de mettre la dernière main.

L'amour de l'étude étoit héréditaire dans fa famille, il y étoit invinciblement appelé par une heureufe filiation.

S'il honora les Lettres par fes veilles, combien ne les honora-t'il pas encore plus par fes mœurs! Il avoit vécu, par fes recherches, avec nos anciens Chevaliers; il en eut la franchife & la loyauté, la nobleffe & la galanterie, la douceur & la fenfibilité. A leur exemple, fa vie entière fut un dévouement continuel à fa Patrie : comme eux, il fervit l'Humanité; comme eux, il tenta, dans un genre plus paifible, les entreprifes les plus difficiles. Il fit confifter l'honneur à faire le bien, & compta pour rien la fortune; il crut même devoir le facrifice d'une partie de la fienne aux dépenfes que fes travaux littéraires exigeoient : mais ce fut un échange glorieux; ce qu'il avoit facrifié de richeffe, le Public le lui rendit en eftime & en confidération.

La fonction dont je viens de m'acquitter ici, Monsieur, étoit fubordonnée à la vôtre. Vous avez pris la fleur du fujet, en parlant le premier de M. de Sainte-Palaye; je ne pouvois guères intéreffer qu'en parlant de vous, en faifant valoir vos titres, en réparant les torts de votre modeftie. Paffer de votre éloge à celui de votre prédéceffeur, c'étoit refroidir les attentions; je ne pouvois que répéter ce que vous aviez dit avant moi & mieux que moi. Les formes ne fuffifent pas pour varier le fond, & l'avantage doit néceffairement vous refter : mais j'ofe me flatter d'avoir répondu aux vœux de la Compagnie au nom de laquelle je me fuis expliqué. On ne m'accufera pas d'avoir prodigué l'encens. Nous n'avons point à juger nos Confrères comme l'Egypte jugeoit fes Rois après leur trépas; nous n'avons que des fleurs à répandre fur leur tombeau. M. de Sainte-Palaye avoit été d'avance jugé digne de faire la gloire de la Compagnie dont il emporte les regrets : il les mérite par fa fimplicité, fa candeur, fa modeftie & fon érudition ; le Public lui-même les partage avec nous. La Poftérité retrouvera fes mœurs & fes goûts, fa nobleffe & fon défintéreffement, fon ame enfin & tout fon efprit, dans ces Collections immenfes que la fageffe du Gouvernement a revendiquées, & dans fes Ecrits multipliés qui ne refpirent que le patriotifme.

Le Favori de Mécène fe vantoit de ne pas mourir tout entier ; il annonçoit à fes contemporainsque la plus précieufe partie de lui-même échapperoit au cifeau de la Parque *. Ce que le Poëte Romain fe difoit à lui-même, dans un de ces élans de l'amour-propre poëtique, juftifié depuis par l'admiration de tous les fiècles, l'Académie, fans crainte d'être défavouée, le répète par ma bouche à l'illuftre Confrère qu'elle a perdu. Mais les Ouvrages de M. de Sainte-Palaye, bien mieux que mes éloges, feront revivre fa mémoire, & fon nom fubfiftera autant que la Langue qu'il a fait fortir des ténèbres de fa première origine.

> * *Non omnis moriar, multaque pars mei vetabit Libitinam.* HOR.

www.ingramcontent.com/pod-product-compliance
Ingram Content Group UK Ltd.
Pitfield, Milton Keynes, MK11 3LW, UK
UKHW020038080726
13614UKWH00004B/1845